LISA T. BERGREN

Ostern ist ein Geschenk des Himmels

Illustrationen von Laura J. Bryant

Francke

„Ich mag Ostern", sagte der kleine Eisbär.

„Ich auch", erwiderte Papa Bär. „Ostern ist sogar noch schöner als Weihnachten."

„Noch schöner als Weihnachten? Warum das denn?"

„An Weihnachten feiern wir, dass Jesus geboren worden ist. Aber an Ostern erinnern wir uns daran, dass wir einmal für immer mit ihm zusammen sein werden."

„Wirklich für immer?"

„Ja, für immer. Ostern ist ein Geschenk des Himmels."

„Ich freue mich schon auf den Osterhasen!",
rief die kleine Schwester des Eisbären
begeistert.

„Und ich mich auf die Süßigkeiten", fiel der
kleine Bruder ihr ins Wort.

„Ich weiß, dass ihr euch auf die
Süßigkeiten freut", sagte Papa Bär.
„Aber Ostern ist mehr! Das Osterfest ist
Teil einer wichtigen Geschichte, die Gott
schon vor langer, langer Zeit geplant hat.
Ostern ist ein Geschenk des Himmels."

„Was soll denn das heißen, dass Ostern ein Geschenk des Himmels ist?", wollte der kleine Eisbär wissen.

„Siehst du dieses Ei hier?", fragte Papa Bär. „Die Schale eines Eis muss aufbrechen, damit das Küken darin herausschlüpfen kann. An Ostern war das so ähnlich. Jesus ist gestorben und in ein Grab gelegt worden, aber er ist nicht tot geblieben."

„Wirklich?"

„Ja. Jesus ist wieder lebendig geworden. Der Tod konnte
ihm nichts anhaben. Denn Jesus ist Gottes Sohn.
Gott hat uns so lieb, dass er uns einmal für immer bei
sich haben will. Deshalb ist an Ostern aus dem Tod
neues Leben entstanden. Das können wir auch in der
Natur an vielen Stellen beobachten. Gottes Osterplan ist
überall zu sehen."

Papa Bär nahm den kleinen Eisbär mit auf einen Spaziergang durch den Wald. Dabei kamen sie an einem Baumstamm vorbei, den der Wind umgerissen hatte.

„Gott hat den Menschen schon sehr früh versprochen, dass Jesus auf die Erde kommen würde. Als Baby im Stall wurde er in Bethlehem geboren. Und schon bei seiner Geburt hatte Gott Ostern geplant."

„Schade, dass dieser große Baumstamm
umgestürzt ist", sagte der kleine Eisbär
traurig.

„Ja, aber dadurch haben die jungen,
zarten Bäumchen nun mehr Platz
und können besser wachsen.
Siehst du, wie hell es hier jetzt ist?"

„Und sieh nur die Tannenzapfen, die überall liegen.
Da, wo der Same der Zapfen auf den Waldboden fällt,
können neue kleine Bäumchen wachsen.
Der große Baum ist zwar tot, aber aus dem Tod
wächst Leben … so wie an Ostern."

„Aber ich mag den Tod trotzdem nicht."

„Den mag niemand. Auch Gott liebt das Leben.
Er hat es uns geschenkt, denn er ist der Schöpfer.
Aber manchmal müssen wir Dinge loslassen,
damit wir offen werden für Neues."

„Siehst du den Fluss dort, kleiner Bär? Weißt du, wohin er fließt?"

„Ja, ins Meer." Das wusste der kleine Eisbär, denn er liebte das Meer.

„Das stimmt. Der Fluss ist irgendwann zu Ende, aber er mündet ins Meer und wird dadurch ein Teil von etwas viel Größerem.
So ähnlich ist das auch bei uns. Der Himmel ist unser Meer.
Weil Gott uns Ostern geschenkt hat, können wir Teil von etwas Größerem werden. Du weißt ja, dass wir jetzt schon mit Jesus reden können, wenn wir zu ihm beten, aber später im Himmel können wir Jesus sogar sehen! Ostern ist wirklich ein Geschenk des Himmels."

„Hätte Jesus nicht einfach im Himmel auf uns warten können?
Warum musste er auf die Welt kommen?"

„Vor langer Zeit hörten Gottes Kinder nicht auf Gott. Sie glaubten
nicht mehr an ihn. Darum kam eine große Flut und vernichtete
alles Leben. Aber mit den Tieren und Menschen, die mit Noah in
der Arche waren, machte Gott einen Neuanfang."

„Also auch mit den Eisbären?"

„Ja, und mit den Giraffen und Schildkröten und allen anderen,
die in der Arche waren."

„Als die Flut vorbei war, versprach Gott, dass es nie wieder eine so große Flut geben würde."

„Da bin ich aber froh", sagte der kleine Eisbär erleichtert. Er liebte zwar das Wasser, aber an Land war er auch sehr gern.

„Nach der Flut war am Himmel ein wunderschöner Regenbogen zu sehen. Er war das Zeichen dafür, dass Gott sein Versprechen halten würde. Aber leider hörten seine Kinder nach einer Weile wieder nicht auf ihn. Und so suchte Gott nach einem Weg, wie er trotzdem eine Brücke zwischen sich und uns bauen konnte. Er hat seine Kinder doch so lieb!"

„Gott schickte seinen Sohn Jesus auf diese Welt. Und Jesus nahm all unsere Fehler auf sich. Deshalb wird jedem, der an Jesus glaubt, seine Schuld vergeben."

„Wirklich jedem?"

„Ja, jedem. Und genau deshalb ist Ostern ein Geschenk des Himmels."

„Papa, redest du manchmal mit Gott?"

„Ja natürlich, jeden Tag."

„Und Gott? Spricht er auch mit dir?"

„Nun, ich höre seine Stimme manchmal wie ein leises Flüstern.
So als würde er zu meinem Herzen sprechen."

„Zu deinem Herzen? Aber wir hören doch mit unseren Ohren, Papa."

„Das stimmt, aber um die Stimme Gottes zu hören, muss man mit dem
Herzen hören."

Auf dem Nachhauseweg stellte der kleine Eisbär keine Fragen mehr. Er wollte versuchen, mit dem Herzen zu hören.

Er lauschte aufmerksam …

und lauschte …

und lauschte.

Als Papa Bär und Mama Bär dem kleinen Eisbären an diesem Abend
Gute Nacht sagten, versuchte er immer noch, mit dem Herzen zu hören.
Nachdem Mama Bär ihm einen Kuss gegeben und ihn in den Arm
genommen hatte, drehte sich der kleine Bär auf die Seite.
Er erinnerte sich daran, dass er ja auch ein Kind Gottes war.

Da wurde er ganz froh und glücklich. Und plötzlich hatte er das Gefühl,
dass Gott ihm „Ich hab dich lieb" ins Herz flüsterte.

„Ich hab dich auch lieb",
flüsterte der kleine Bär zurück.
„Danke für das, was du getan
hast. Ostern ist wirklich ein
Geschenk des Himmels."

Am nächsten Morgen ging der kleine Eisbär zu seinem Papa.

„Ich glaube, gestern habe ich Gottes Stimme gehört."

„Wirklich?" Papa Bär legte ihm den Arm um die Schultern. „Wenn das nicht das allerschönste Ostergeschenk ist, was man sich vorstellen kann ... Was hat er zu dir gesagt?"

„,Ich hab dich lieb.'"

„Das ist gut. Denn genau darum geht es an Ostern."

3. Auflage 2022
ISBN 978-3-86827-447-9
Originally published in English under the title:
God Gave Us Easter by Lisa Tawn Bergren
Text copyright © 2012 by Lisa Tawn Bergren
Illustrations copyright © 2012 by Laura J. Bryant
Cover design by Mark D. Ford; cover illustration by Laura J. Bryant
Published by WaterBrook Press, an imprint of The Crown Publishing Group
a division of Random House LLC, 12265 Oracle Boulevard, Suite 200
Colorado Springs, Colorado 80921 USA

International rights contracted through:
Gospel Literature International
P.O. Box 4060, Ontario, California 91761-1003 USA

This translation published by arrangement with
WaterBrook Press, an imprint of The Crown Publishing Group,
a division of Random House LLC

German edition © 2014 by Francke Buch GmbH
35037 Marburg an der Lahn
Deutsch von Kathrin Arlt
Satz: Francke-Buch GmbH
Printed in Poland

www.francke-buch.de

Mehr von Lisa T. Bergren

Du bist ein Geschenk des Himmels

ISBN 978-3-86827-421-9

36 Seiten, gebunden

Der kleine Eisbär fragt seine Mutter: „Wo komme ich her?"
„Du bist ein Geschenk des Himmels!", antwortet Mama Bär. Kindgerecht erzählt Lisa T. Bergren vom Wachsen des Babys im Mutterleib, der Vorfreude der Eltern und der sehnsüchtig erwarteten Geburt. Dieses wunderschön gemalte Buch entfaltet eine Geschichte, die schon den Kleinsten vermittelt: Du bist von Gott gewollt und von deinen Eltern ersehnt.

Schlafen ist ein Geschenk des Himmels

ISBN 978-3-86827-654-1

36 Seiten, gebunden

Der kleine Eisbär baut mit seinen Freunden ein Iglu. Er hat keine Lust, ins Bett zu gehen. Warum muss er überhaupt schlafen? Spielen macht doch viel mehr Spaß!
Geduldig erklärt Mama Bär ihm, dass Schlafen ein Geschenk des Himmels ist. Nur wer am Tag kleine Pausen macht und in der Nacht schläft, kommt gut gelaunt durchs Leben.

Liebe ist ein Geschenk des Himmels

ISBN 978-3-96362-064-5
36 Seiten, gebunden

Der kleine Eisbär ist wütend. Die Otter vertreiben alle Fische. Dabei wollte er doch mit Opa angeln. Plötzlich kann er die Otter gar nicht mehr leiden. Warum ist es nur so schwer, andere liebzuhaben und nett zu ihnen zu sein? Und reicht es nicht, wenn man sich in der Familie liebhat? Wobei, mit den Geschwistern ist das ja manchmal auch so eine Sache …
Gut, dass Opa Bär sich bestens auskennt und dem kleinen Eisbär hilft, dem Geheimnis der Liebe auf die Spur zu kommen!

Unsere Welt ist ein Geschenk des Himmels

ISBN 978-3-86827-585-8
36 Seiten, gebunden

Gott hat die Welt geschaffen und alles, was in ihr ist …
Gott hat auch uns geschaffen und weil er Vielfalt liebt, gibt es keinen von uns zweimal auf dieser Welt. Wir sind alle unterschiedlich – und trotzdem sind wir alle Gottes geliebte Kinder. Das lernt auch der kleine Eisbär, als er mit seiner Familie ins Museum geht und feststellt, dass es jede Menge verschiedene Bären gibt. Pandabären, die doch tatsächlich gerne Bäume essen, Lippenbären, die extrem lange Zungen haben, und viele andere. Spannend, wie Gott sich das alles ausgedacht hat!